Wie 'groß' war Katharina II. wirklich? Ein kritischer Blick auf die Institutionenpolitik der russischen Kaiserin

Tobias Wagner

Bibliografische Information der Deutschen Nationalbibliothek:

Die Deutsche Nationalbibliothek verzeichnet diese Publikation in der Deutschen Nationalbibliografie; detaillierte bibliografische Daten sind im Internet über http://dnb.d-nb.de abrufbar.

ISBN: 9783346592941
Dieses Buch ist auch als E-Book erhältlich.

Druck und Bindung: Books on Demand GmbH, Norderstedt Germany
Gedruckt auf säurefreiem Papier aus verantwortungsvollen Quellen

Das vorliegende Werk wurde sorgfältig erarbeitet. Dennoch übernehmen Autoren und Verlag für die Richtigkeit von Angaben, Hinweisen, Links und Ratschlägen sowie eventuelle Druckfehler keine Haftung.

Das Buch bei GRIN: https://www.grin.com/document/1174024

Universität Leipzig
Historisches Seminar
Lehrstuhl für Ost- und Südosteuropäische Geschichte
Wissenschaft, die Wissen schafft? Bildung im Zarenreich und der Sowjetunion

Sommersemester 2021

Wie ‚groß' war Katharina II. wirklich?

Ein kritischer Blick auf die Institutionenpolitik der russischen Kaiserin

Vorgelegt von:
Tobias Wagner
Geschichte B.A.
7. Fachsemester

Inhalt

1. Einleitung

„Ich werde eine Autokratin sein, das ist mein Beruf. Und Gott der Herr möge es mir verzeihen. Das ist sein Beruf." Dieses Zitat wird Sophie Auguste Friederike von Anhalt-Zerbst zugeschrieben, oder – wie sie später genannt werden sollte – Katharina II. Als einzige Herrscherin in der Geschichtsschreibung bekam die deutsche Prinzessin, die von 1762 bis zu ihrem Tod 1796 das Russische Kaiserreich regierte, den Beinamen ‚die Große' verliehen. Die in Stettin geborene spätere Zarin ist weithin bekannt für ihre Reformen gerade im Bildungssektor, traf allerdings gerade zum Ende ihrer Herrschaft auch mehrere Entscheidungen und legte Eigenschaften an den Tag, die ihre frühere Politik teils revidierten – so etwa die Schließung privater Druckereien, denen sie zuvor erst die Öffnung erlaubt hatte.[1]

Dieser Aufsatz widmet sich daher der Frage, inwieweit Katharinas Beiname ‚die Große' gerechtfertigt ist – und zwar insbesondere in Bezug auf die Schaffung neuer sowie die Erweiterung bestehender Institutionen in der Bildungslandschaft. Denn dies waren die Maßnahmen, die im Rahmen von Katharinas Reformpolitik die erkennbarsten Erfolge erzielten.

Anfangs beschäftigt sich die Arbeit mit der bildungspolitischen Situation im Russischen Kaiserreich vor Katharinas Regentschaft, um die Tragweite ihrer Reformen im Kontext der gesellschaftlichen Gegebenheiten einzuordnen. Es folgt die kritische Auseinandersetzung mit ihren einzelnen Vorhaben wie der Erweiterung des russischen Schulwesens. Das letzte Kapitel beschäftigt sich schließlich mit negativen Aspekten ihrer Herrschaft wie der bereits erwähnten Schließung privater Druckereien und der zeitgenössischen Beliebtheit ihrer Neurungen. Dies dient dazu, Katharinas Politik von mehr als einer Seite zu beleuchten.

Um ein fundiertes Urteil über die Bildungspolitik Katharinas der Großen fällen zu können, ist es zunächst wichtig, sich die Grundlagen vor Augen zu führen, auf denen die Kaiserin ihre Maßnahmen aufbaute. Sie war immerhin nicht die erste Herrscherin im Russischen Reich, die sich mit diesem Thema befasste.

---

[1] Vgl. Cronin, Vincent, Katharina die Grosse. Eine Biographie, Düsseldorf 1978, S. 7, 319.

2. Die Reformen Peters des Großen

Es war schon Peter der Große, der – so die britische Historikerin Isabel de Madariaga – erkannte, „wie groß Rußlands Bedarf an Fachleuten auf dem Gebiet technischer Verfahren war, und zwar sowohl beim Militär wie auch im zivilen Bereich."[2] Er sprach sich gegen häusliche Erziehung aus und verstärkte die Anstrengungen massiv, „seinen Untertanen Erziehung, Ausbildung, schließlich Bildung zukommen zu lassen."[3] Im Zuge dessen gründete er eine Reihe an Fach- und allgemeinbildenden Schulen, an denen seine neuen Führungskräfte ihre Ausbildung erhalten sollten. Ein Beispiel dafür ist die 1701 ins Leben gerufene Moskauer Mathematik- und Navigationsschule, die in gewisser Weise Modellcharakter für die Etablierung fachspezifischer, säkularer Bildungseinrichtungen besaß. In dieser Akademie überstieg die Zahl adliger Schüler laut Kusber nie ein Fünftel, der Anteil von Soldaten und Matrosenkindern wuchs indes weiter.[4]

Gerade zu Beginn von Peters Herrschaft gab es laut dem deutschen Historiker Jan Kusber besonders einen Motor für die Reformen des Zaren: den Großen Nordischen Krieg, „für den immer wieder neue Regimenter ausgehoben wurden, die qualifizierter Offiziere bedurften."[5] Im weiteren Verlauf seiner Regierungszeit sei das Ausbildungsziel allerdings immer weniger auf technische Fertigkeiten zu militärischen Zwecken beschränkt worden.[6]

So habe die Regierung Studierende immer häufiger für die Ausbildung zu Verwaltungsfachleuten und Übersetzern ins Ausland geschickt. Kusber sieht darin eine Maßnahme, die durchaus positive Auswirkungen hatte.

> „Über die multiplikatorische Weitergabe des Erlernten in den Bereichen von Militär, Verwaltung und Diplomatie hinaus konnten die Entsandten in ihrem

---

[2] De Madariaga, Isabel, Katharina die Große. Das Leben der russischen Kaiserin, München 1996, Wiesbaden 2004, S. 185.

[3] Kusber, Jan, Eliten- und Volksbildung im Zarenreich während des 18. und in der ersten Hälfte des 19. Jahrhunderts. Studien zu Diskurs, Gesetzgebung und Umsetzung, in: Quellen und Studien zur Geschichte des östlichen Europa, Band 65, Kiel 2001, S. 34.

[4] Vgl. Hans, N., *The Moscow School of Navigation,* in: *Slavonic and East European Review* 29, 1950/51, S. 532-536; Hans, N., Farquharson, H., *Pioneer of Russian Education,* in: *Aberdeen University Review,* 1959, S. 26-29; Kusber, Elitenbildung, S. 41.

[5] Kusber, Elitenbildung, S. 41.

[6] Vgl. Hoffmann, Peter, Reformen im russischen Bildungswesen unter Peter I. Militärische Aspekte, in: Berliner Jahrbuch für Osteuropäische Geschichte 2, 1995, S. 84.

jeweiligen Aufgabenbereich und ihrem jeweiligen Milieu Widerstände gegen Innovationen aus Westeuropa überwinden und durch ihr Beispiel die Einsicht in die Notwendigkeit von Ausbildung und Bildung stärken"[7]

Madariaga resümiert die Reformtätigkeit Peters schließlich wie folgt: „Nicht jedes seiner Experimente verlief erfolgreich, und nicht alles, was er unternahm, war von langer Dauer, doch hatte er die Grundlagen geschaffen, auf denen andere aufbauen konnten."[8] Auch Jan Kusber beschreibt die Ergebnisse, die diese Bemühungen in den ersten Jahrzehnten ab 1700 lieferten, als das Fundament, auf dem die Kaiserin in der zweiten Hälfte des 18. Jahrhunderts aufbauen konnte.[9]

---

[7] Kusber, Elitenbildung, S. 45.
[8] De Madariaga, Leben, S. 185.
[9] Vgl. ebd.

3.   Katharinas Bildungspolitik

Katharina war diejenige, die das Erbe Peters I. weiterführte. Sie engagierte sich nicht nur persönlich mit erkennbarer Aktivität insbesondere auf den Gebieten von Bildung, Wissenschaft, Kunst und Kultur, sie initiierte auch bildungspolitische Reformen etwa zur Modernisierung des Schul- und Bildungswesens. Was ihr dabei vorschwebte war ein emanzipiertes und prosperierendes Land mit einer breiten, elitären Bildungsschicht, „fähig und willens, in Russland die Schaffung einer zeitgemäßen Gesellschaft in Angriff zu nehmen."[10],[11]

3.1 Neue und erweiterte Institutionen

Allemal stimmte Katharina bei der Verwirklichung ihrer bildungspolitischen Maßnahmen mit einigen Ansichten Peters des Großen überein. So hielt sie ähnlich wie ihr Vorgänger nichts von häuslicher Erziehung, weswegen es ein wichtiges Ziel ihrer Bildungspolitik war, die Kinder „vor allen verderblichen Einflüssen des Elternhauses"[12] zu bewahren. Unter anderem zu diesem Zweck gründete Katharina eine Reihe neuer Institutionen, in denen genau festgelegte Erziehungs- und Bildungsrichtlinien galten. Die physische, sittliche und emotionale Entwicklung war dabei genauso wichtig wie die geistige.[13]

Einen ersten Hinweis auf die Art der beabsichtigten Bildungspolitik gab der ‚allgemeine Plan für die Heranbildung junger Leute beiderlei Geschlechts', den der bildungspolitische Theoretiker und Praktiker Ivan Ivanovic Beckoj 1764 veröffentlicht und den Katharina noch im selben Jahr zum Gesetz erhoben hatte. Damit bildete er die Basis für die kaiserlichen Maßnahmen.[14]

Bereits ein Jahr zuvor entstand eine Schule für Findelkinder in Moskau, 1770 eine weitere in Sankt Petersburg. Die beiden Einrichtungen besaßen das Recht, ausgesetzte und unehelich zur Welt gekommene Sprösslinge aufzunehmen, welche daraufhin auf Staatskosten versorgt, erzogen und ausgebildet werden sollten. Die in dieser Zeit ausgearbeiteten Erziehungspläne hatten gesellschaftspolitische und pädagogische

---

[10] De Madariaga, Leben, S. 215.
[11] Vgl. ebd., S. 233; Cronin, Biographie, S. 273-276.
[12] De Madariaga, Leben, S. 186.
[13] Vgl. Mundt, Theodor, Der Kampf um das Schwarze Meer, Braunschweig 1855, S. 92; Cronin, Biographie, S. 324.
[14] Vgl. ebd., S. 201; Donnert, Volksbildung, S. 219.

Zielsetzungen und fanden auch Eingang in die bereits bestehenden höheren Bildungsstätten, so etwa die Akademie der Künste.[15]

Ebenfalls 1764 gründete Katharina das Internat für die Töchter des Adels im Sankt Petersburger Smolna-Kloster. In dieser ‚kaiserlichen Erziehungsanstalt für adlige Fräulein' – die bis 1917 Bestand hatte und in der die gleichen Erziehungsgrundsätze wie in den Findelhäusern galten – waren 30 Jahre nach ihrer Gründung bereits mehr als 1.300 Frauen standesgemäß erzogen und ausgebildet worden. Die Einrichtung unterstand dem persönlichen Patronat der Kaiserin und wurde unmittelbar von ihr finanziert, war aber dennoch unabhängig von den *Departements* der Regierung. Bemerkenswert ist dabei, dass körperliche Strafen – im Russischen Reich durchaus keine Seltenheit – in allen Einrichtungen strengstens untersagt waren. „Hier wollte die neue Kaiserin Wandel schaffen; sie wollte neue Umgangsformen einführen, und aus Rußland ein weniger grausames und mehr menschliches Land machen", beschreibt es der britische Autor Vincent Cronin.[16]

Neben diesen Institutionen gab es in den 60er und frühen 70er Jahren des 18. Jahrhunderts einzig an privaten Internatsschulen, speziellen Fachschulen und einigen größeren Bildungseinrichtungen wie der Akademie der Wissenschaften Gelegenheit zur Bildung. Daher ging die Kaiserin 1775 noch einen Schritt weiter und erlegte den Fürsorgeausschüssen in einem Statut die Einrichtung von Schulen in den Städten einer jeden Provinz auf. 1782 setzte sie schließlich eine Hauptschulkommission ein, die eine Lehrerbildungsanstalt aufbauen, geeignete Schulgebäude auswählen und für ihre neue Aufgabe einrichten sollte. Vier Jahre später folgte ein weiteres Statut, welches vorgab, in jeder Provinzhauptstadt eine höhere, in jeder Kreisstadt eine Volksschule einzurichten. Gleichzeitig übernahm Katharina die wenigen existierenden Privatschulen und zwängte sie in das Korsett des staatlichen Schulwesens.[17]

Isabel de Madariaga spricht davon, dass in den 14 Jahren von 1784 bis 1798 über 400 neue Lehrer eine Ausbildung erhielten. Am Ende des Jahrhunderts habe es 315 Schulen mit insgesamt 790 Lehrern und nahezu 20.000 Schülern gegeben, schätzungsweise 2.000 davon Mädchen. Für Schulbücher, von denen in dieser Zeit rund 44 produziert

---

[15] Vgl. ebd., S. 220-222; Cronin, Biographie, S. 204f.

[16] Vgl. Cronin, Biographie, S. 201, 209; Donnert, Volksbildung, S. 222; De Madariaga, Leben, S. 188.

[17] Vgl. ebd., S. 189, 194, 202; Cronin, Biographie, S. 199, 202.

worden seien, habe der Staat jedes Jahr insgesamt 12.000 Rubel ausgegeben. „Die Auflagen dieser Bücher, für die ein festumrissener Markt bestand, lagen auch deutlich über den üblichen 600 bei Werken, die für das allgemeine Lesepublikum bestimmt waren."[18] Im späteren Verlauf ihres Buches ist bei der Historikerin zu lesen, dass sich die Gesamtzahl der Schülerinnen und Schüler, die Ende des 18. Jahrhunderts staatliche Bildungseinrichtungen besuchten, sogar auf zwischen 60.000 und 70.000 belief.[19] In jedem Fall brachte die Regierung die Lehrpläne regelmäßig auf den neusten Stand, straffte den Unterricht, verbesserte dessen Qualität und setzte die Räumlichkeiten gründlich instand. Die Schulen mussten im Gegenzug Lehrplan und Unterrichtsmethoden gemäß des Statuts von 1786 übernehmen. „Somit war Rußland tatsächlich ein Land geworden, in dem man zu jeder Tageszeit genau wußte, mit welchem Fach sich die Kinder in jeder Schule des Landes gerade beschäftigten"[20], resümiert De Madariaga.[21]

3.2 Ständische Aufstiegsmöglichkeiten

Besonders wichtig, um Katharinas Ziel eines politisch lebenskräftigen bürgerlichen Standes zu erreichen, war es, den Monopolanspruch des Adels auf Bildung zu brechen und diese auf das gesamte Volk auszudehnen. Erich Donnert sieht in Beckojs Plan von 1764 einen bedeutsamen Schritt in diese Richtung – immerhin standen die im Konzept vorgeschlagenen ‚Erziehungsanstalten' nicht nur Jungen wie Mädchen aus allen Schichten der Bevölkerung offen, der Schulbesuch war auch unentgeltlich.[22]

Des Weiteren eröffnete die Kaiserin direkt ein Jahr nach dem Inkrafttreten des Plans eine nichtadlige Abteilung am Sankt Petersburger Smolna-Kloster, in der es auch Mädchen geringerer Herkunft möglich war, Zugang zu höherer Bildung zu erhalten. Katharina verfügte, dass alle Zöglinge des Internats sowie aus den Findelhäusern auf ewig frei und dem Bürgerstand angehören sollten – genau wie alle Angehörigen der Kunstakademie, die ihre Ausbildung abgeschlossen hatten. Oft erhielten insbesondere Künstler dank ihrer Bildung und ihres Verdienstes gar die Möglichkeit, in den Adelsstand

---

[18] De Madariaga, Leben, S. 197.
[19] Vgl. ebd., S. 207.
[20] De Madariaga, Leben, S. 198.
[21] Vgl. ebd., S. 197f.
[22] Vgl. De Madariaga, Leben, S. 195; Cronin, Biographie, S. 202; Donnert, Volksbildung, S. 231.

aufzusteigen – ebenso jeder Lehrer, der 22 Dienstjahre an einer höheren Schule unterrichtete.[23]

Damit machte Katharina II. den Weg für die Heranbildung neuer schöpferischer Kräfte frei, die aus den nichtadligen Schichten des Volkes kamen. Zusammen mit den adligen Eliten bildeten diese die neue *intelligencija* – eine schmale Gesellschaftsschicht, deren exklusives Merkmal aufgeklärte Bildung war und die sich gegen Ende des 18. Jahrhunderts merklich vergrößerte.[24]

3.3 Erlaubnis zum Publizieren

Um auch die Möglichkeit, auf Bildung zugreifen zu können, in gleichem Maße zu vergrößern, ordnete die Kaiserin eine Erweiterung des Buchwesens an und erlaubte 1783 gar die Gründung privater Druckereien. Erich Donnert spricht in diesem Zusammenhang von „Freiräume[n] und eine[r] Öffentlichkeit, die echte Ansätze einer aufgeklärten Gesellschaftskritik ermöglichten."[25] Immerhin war es die von Katharina selbst angeregte literarische Tätigkeit, die in einer solchen Form und Offenheit Kritik an den sozialen Problemen äußerte, dass sie bald zur Herausforderung für die offizielle Kulturpolitik wurde. Donnert weist dabei zurecht darauf hin, dass alle Beanstandungen überhaupt erst durch die gesellschaftlichen Freiräume möglich wurden, die die Monarchin in Auseinandersetzung mit konservativen Kräften der russischen Gesellschaft geschaffen hatte.[26]

Ebenso habe sie es bis zur Mitte der achtziger Jahre vermieden, offen gegen ihre Kritiker vorzugehen oder diese zu zensieren. Ein Grund dafür mag es gewesen sein, dass sich das gebildete Publikum – so Donnert – nie von Katharina II. emanzipierte. Es sei an sie gebunden und den Obrigkeiten untertan geblieben. Auch sei die aufgeklärte Beanstandung immer literarisch geblieben. Kritiker hätten zwar moralische Normen der Aufklärung eingefordert, aber nicht deren politische Konsequenzen. Der blutige Pugatschow-Aufstand von 1773 bis 1775[27] habe den Zeitgenossen als abschreckendes

---

[23] Vgl. Donnert, Volksbildung, S. 231; De Madariaga, Leben, S. 195; Haigold, Johann Joseph, Neuverändertes Rußland oder Leben Catharinä der Zweyten, Teil 1, Riga 1772, S. 183-185.

[24] Vgl. Donnert, Volksbildung, S. 217, 223.

[25] Donnert, Volksbildung, S. 216.

[26] Vgl. ebd., S. 22f., 231; Cronin, Biographie, S. 276.

[27] Zunächst Aufstand der Ural-Kosaken gegen die Obrigkeit des Russischen Reiches, der sich mit der Zeit in einen großflächigen Bauernkrieg unter der Führung von Jemeljan Pugatoschw verwandelte. Er gab

Beispiel gedient, weswegen weitere gewaltsame Umwälzungen gegen Katharina unvorstellbar gewesen seien.[28]

---

sich als der verstorbene Zar Peter III. aus, der vor seiner Ermordung weitreichende Reformen angekündigt hatte. Letztendlich siegten die kaiserlichen Truppen, Pugatschow wurde gefangen genommen und hingerichtet. (vgl. Gitermann, Valentin, Geschichte Russlands, Band 2, Frankfurt am Main 1965, S. 223-234.)

[28] Vgl. Donnert, Volksbildung, S. 217, 228.

4. Negative Aspekte und öffentliche Meinung

4.1 Schlussendlich doch Zensur

Trotz der Erfolge von Katharinas Bildungspolitik taten sich gerade zum Ende ihrer Herrschaft zwei Faktoren auf, die dafür sorgten, dass sie einige ihrer früheren Entscheidungen – unter anderem die Öffnung privater Druckereien - revidierte: die Französische Revolution und die Freimaurer-Bewegung.

Zu Anfang war die Kaiserin noch der Auffassung, die Nachrichten, die über die revolutionären Umtriebe in Frankreich und die Erstürmung der dortigen Bastille 1789 eintrafen, hätten keine Auswirkungen auf ihr Land. Daher hatte sie anfangs auch nichts unternommen, um solche Mitteilungen der Zensur zu unterwerfen. 1790 kam es allerdings zum ersten wirklich ernsthaften Fall von Intellektuellenverfolgung, wie es De Madariaga beschreibt. Es handelte sich um die Verurteilung von Alexander Nikolajewitsch Raditschew, der einer wohlhabenden Adelsfamilie entstammte und ab 1766 – aufgrund eines Stipendiums – in Leipzig Jurisprudenz und Philosophie studierte. Dort ließ er sich von den seinerzeit verbreiteten Naturrechtstheorien und vor allem von der materialistischen Philosophie beeinflussen, die der französische Denker Helvetius in seinem Werk ‚Über den Geist' verfocht.[29]

Schließlich veröffentlichte er im Mai 1790 das Buch ‚Eine Reise von Sankt Petersburg nach Moskau'. De Madariaga nennt dieses Werk „die erste und machtvollste Anklage gegen die Leibeigenschaft als System und gegen den Absolutismus als Regierungsform, die ein Russe in Rußland veröffentlicht hat."[30] Katharina habe in dem, was Raditschew darin zur schlechten Behandlung der Leibeigenen geschrieben habe, das Bestreben gesehen, diese gegen ihre Herren aufzuhetzen. In der Folge habe sie den Autor verhaften und alle Exemplare seines Buches beschlagnahmen lassen. Das zentrale Gericht für Strafsachen in Sankt Petersburg verurteilte den Angeklagten zum Tod, wandelte die Strafe schließlich allerdings in zehn Jahre Verbannung nach Sibirien um.

Dennoch findet Cronin scharfe Worte: „Mit ihrem Vorgehen gegen Raditschew [...] glaubte Katharina Rußland vor den Gedanken der Französischen Revolution zu schützen; aber sie tat damit auch etwas, das sie selber bei den Revolutionären verurteilte: sie

---

[29] Vgl. De Madariaga, Leben, S. 331.
[30] Ebd., S. 337.

erstickte gegensätzliche Meinungen."[31] Auf dem Weg hin zu einer repressiveren Politik ordnete die Kaiserin 1791 zunächst an, dass alle Buchhandlungen die Kataloge der bei ihnen verfügbaren Bücher bei der Akademie der Wissenschaften oder der Universität Moskau abzugeben hätten. Damit sei sicherzustellen, dass keine Bücher verkauft würden, die sich ‚gegen den Anstand oder uns selbst' richteten.[32]

1792 lenkte sie ihre Aufmerksamkeit schlussendlich auf die Freimaurer, die sich in den 70er und 80er Jahren in den gebildeten Kreisen der russischen Gesellschaft vehement zu verbreiten begannen. Noch in den 70er Jahren standen weder die Kirche noch der Staat der Organisation feindlich gegenüber, sogar viele von Katharinas engsten Mitarbeitern waren Freimaurer. Sie selbst hatte für Geheimgesellschaften sowie für Wissenschaften, die sich mit ihnen befassten, nur Verachtung und Spott übrig und verfasste sogar mehrere Schriften gegen Freimaurerei, Okkultismus und Geheimbünde – darunter eine Reihe von Lustspielen.[33]

Doch erst Ende der 80er Jahre begann die Kaiserin, dem Treiben der Freimaurer ein Ende zu setzen. Sie verdächtigte diese, mit revolutionären Bewegungen im Ausland in Verbindung zu stehen. Daher ordnete sie bereits 1790 eine geheime Überwachung der Moskauer Freimaurer an und schloss schließlich auch Russlands einzige unabhängige Loge. Zudem ließ sie einige Buchhändler festnehmen, die verbotene freimaurerische Schriften verkauft hatten, verbrannte eine große Zahl dieser Bücher und übergab die theologischen Werke einem Kloster. „Verlegern und Druckern sah man nunmehr genau auf die Finger"[34], berichtet De Madariaga.[35]

Im September 1796 ordnete Katharina schließlich nicht nur die Einrichtung von Zensurstellen in Sankt Petersburg, Moskau, Riga und Odessa sowie an der polnischen Grenze an, sondern ließ auch alle privaten Druckereien schließen. „Jedes zur Veröffentlichung vorgesehene Buch mußte [von nun an] der zuständigen Zensurstelle vorgelegt werden; alle zur Einfuhr vorgesehenen Bücher wurden an der Grenze

---

[31] Cronin, Biographie, S. 354.
[32] Vgl., Cronin, Biographie, S. 330, 348-341; De Madariaga, Leben, S. 339
[33] Vgl. Fleischhacker, Hedwig, Mit Feder und Zepter. Katharina II. als Autorin, Stuttgart 1978, S. 175-180; Donnert, Volksbildung, S. 229; Cronin, Biographie, S. 277f., 342.
[34] De Madariaga, Leben, S. 349.
[35] Vgl. Cronin, Biographie, S. 352.

kontrolliert"[36], informiert die britische Historikerin. Allgemein bezeichnet De Madariaga die 1790er Jahre als solche wachsender Unterdrückung intellektueller Opposition.[37]

4.2 Abneigung verschiedener Gesellschaftsschichten

Trotz der beachtlichen Fortschritte in der Bildungspolitik gerade zu Beginn ihrer Regierung bemängelten Historiker des 19. Jahrhunderts häufig die Langsamkeit, mit der Katharina ihr Bildungsprogramm umsetzte. Als Beispiele führten sie an, dass die Kaiserin weder die allgemeine Schulpflicht einführte noch das Schulwesen auf die Dörfer ausdehnte. De Madariaga verweist hier allerdings darauf, dass Katharinas Maßnahmen nicht immer auf einen positiven Widerhall in der Bevölkerung stießen.[38]

> „Theoretisch mag es möglich gewesen sein, in den russischen Landstädten eine solche Schulpflicht einzuführen, ratsam aber war das nicht, denn ein reibungsloses Funktionieren eines Großteils der Verwaltung war ohne die bereitwillige Mitwirkung der Bewohner nicht möglich."[39]

Diese hatte Katharina bei vielen ihrer Vorhaben nicht, denn gerade die Sozialstruktur des weiträumigen Landes kannte nur einen rudimentären Bürgerstand. In den russischen Dörfern gab es außerdem ganz andere Probleme.[40]

> „Immerhin waren die Entfernungen bisweilen so groß, daß die Kinder das Elternhaus hätten verlassen, in einen größeren Ort ziehen und während der Wintermonate, in denen die Schulen geöffnet waren, dort hätten leben müssen. Den Eltern hätte nicht nur die Arbeitskraft der Kinder gefehlt, sie hätten überdies für deren Unterhalt in der Stadt aufkommen müssen."[41]

Das sorgte dafür, dass die Dorfbewohner für eine Bildung, die über für grundlegende Geschäftsvorgänge erforderliche Fähigkeiten im Lesen, Schreiben und Rechnen hinausging, keinerlei Interesse zeigten. So nahmen die Eltern ihre Kinder häufig aus den höheren Schulen, sobald diese imstande waren, einer Tätigkeit als Schreiber oder Kontorist nachzugehen. Das sorgte dafür, dass die Schülerzahlen dort nicht sonderlich hoch waren. Das sich daraus ergebende Fehlen qualifizierter Fachkräfte beeinträchtigte

---

[36] De Madariaga, Leben, S. 350.
[37] Vgl. ebd., S. 348; Cronin, Biographie, S. 278.
[38] Vgl. Cronin, Biographie, S. 202f.; De Madariaga, Leben, S. 207.
[39] Ebd., S. 205.
[40] Vgl. Donnert, Volksbildung, S. 216.
[41] De Madariaga, Leben, S. 206.

nicht nur das Funktionieren der Regierung, sondern wirkte sich rückwirkend auch wieder nachteilig auf die Qualität des Unterrichtswesens aus.[42]

Auch die Behörden in kleinen Städten standen den Schulen des Öfteren ablehnend gegenüber. Häufig war es nicht möglich, eine hinreichende Anzahl angemessen ausgebildeter Mitarbeiter für die Einrichtung der Selbstverwaltung zur Verfügung zu stellen. In den Augen der kleinstädtischen Verwaltung handelte es sich dabei um eine Verschwendung von Geld. Eine Ressource, von der die Bildungsausschüsse selbst nicht genug zur Verfügung hatten, um alle ihnen zugedachten Wohlfahrtsaufgaben erfüllen zu können.[43]

Außerdem zog sich Katharina durch ihre Pläne, eine eigene gebildete Gesellschaftsschicht zu schaffen, die Abneigung weiter adliger und klerikaler Kreise zu. Das war der Fall, obwohl die Kaiserin die bürgerliche Elite durch ihre Entscheidung, ausgewählte Mitglieder in den Adelsstand zu erheben, fest an diese Schicht und die vorherrschenden Strukturen band. Gerade mit Katharinas Ziel vor Augen kann die Tatsache, dass die Kultur ihrer Ära adlig geprägt blieb, als ein Rückschlag für die kaiserlichen Maßnahmen angesehen werden.[44]

---

[42] Vgl., De Madariaga, Leben, S. 199.
[43] Vgl. ebd., S. 199.
[44] Vgl. Donnert, Volksbildung, S. 231.

5. Schluss

Summierend lässt sich also zunächst sagen, dass Katharina mit ihrer Bildungspolitik besonders ein großes Ziel verfolgte: Die Schaffung einer breiten, elitären Bildungsschicht und damit eines emanzipierten und prosperierenden Russischen Reiches in Anlehnung an das westliche Europa. Einen großen Anteil an der Verwirklichung dieses Plans hatte die Schaffung neuer und die Erweiterung bestehender Bildungsinstitutionen. Beispiele hierfür waren die Gründung einer Schule für Findelkinder in Moskau und Sankt Petersburg oder die des Internats für die Töchter des Adels. In einem Statut von 1775 verfügte Katharina II. gar die Gründung von Schulen in den Städten einer jeden Provinz. Laut der britischen Historikerin Isabel de Madariaga führte dies dazu, dass es Ende des Jahrhunderts 315 Schulen mit insgesamt 790 Lehrern und nahezu 20.000 Schülern gegeben habe, schätzungsweise 2.000 davon Mädchen. Die Tatsache, dass es zum Regierungsantritt der Kaiserin weder bedeutende Lehrorden noch Universitäten gab, verstärkt diesen Fakt noch.[45]

In vielerlei Hinsicht scheint es so, als sei Katharina die Große ihrer Zeit vorausgewesen. Das zeigen etwa die ablehnenden Reaktionen verschiedenster Gesellschaftsschichten auf ihre Reformbemühungen. Gerade in den russischen Dörfern überwiegten andere Probleme, die einer Verwirklichung der kaiserlichen Pläne im Weg standen. Beispielsweise mussten die Eltern aufgrund der großen Entfernungen auf dem Land auf die Arbeitskraft ihrer Kinder verzichten, solange diese zur Schule gingen. Auch die Behörden standen einer weiterführenden Bildung oft argwöhnisch entgegen, sahen sie in den versuchten Maßnahmen doch nicht viel mehr als Geldverschwendung. Zudem hatte sich Katharina durch ihr Vorhaben, ausgewählten Angehörigen des Bürgertums den Aufstieg in den Adel zu ermöglichen, das Missfallen spezifischer Kreise der Oberschicht zugezogen.[46]

Zum Ende ihrer Regierungszeit erließ Katharina einige Maßnahmen, die einen Schatten auf ihre Reformbemühungen in der Bildungspolitik warfen – so die erhöhte Kontrolle bei der Publikation von Büchern und das Schließen privater Druckereien. Dies täuscht

---

[45] Vgl. Chernova, Alina, Mémoires und Mon Histoire. Zarin Katharina die Große und Fürstin Katharina R. Daschkowa in ihren Autobiographien, Berlin 2007, S. 517-525; Cronin, Biographie, S. 199, 204f., 209, 271 319; Donnert, Volksbildung, S. 194, 222; De Madariaga, Leben, S. 189, 194, 220.
[46] Vgl. Donnert, Volksbildung, S. 231; De Madariaga, Leben, S. 199.

allerdings nicht über die Tatsache hinweg, dass die Kritiker der Kaiserin überhaupt erst durch ihre Erlaubnis zur Gründung privater Druckereien 1783 die Möglichkeiten erhalten hatten, ihre Kritik in geschriebener Form zu üben.[47]

All diese Aspekte einbeziehend lässt sich also sagen, dass die russische Zarin – zumindest in Fragen der Institutionenpolitik – ihrem von der Geschichtsschreibung verliehenen Beinamen ‚die Große' durchaus gerecht geworden ist.

---

[47] Vgl. Cronin, Biographie, S. 276-278; Donnert, Volksbildung, S. 231.

6. Literaturverzeichnis

Aretin, Karl Otmar von, Das Problem des Aufgeklärten Absolutismus in der Geschichte Rußlands, in: Zernack, Klaus (Hrsg.), Handbuch der Geschichte Rußlands, Band 2, 1613-1856, Vom Randstaat zur Hegemonialmacht, Stuttgart 1993.

Chernova, Alina, Mémoires und Mon Histoire. Zarin Katharina die Große und Fürstin Katharina R. Daschkowa in ihren Autobiographien, Berlin 2007.

Cronin, Vincent, Katharina die Grosse. Eine Biographie, Düsseldorf 1978.

De Madariaga, Isabel, Katharina die Große. Das Leben der russischen Kaiserin, München 1996.Donnert, Erich, Volksbildung und Elitenbildung. Kulturpolitische Massnahmen Katharinas II., in: Hübner, Eckhard, Kusber, Jan, Nitsche Peter (Hrsg.), Russland zur Zeit Katharinas II. Absolutismus – Aufklärung – Pragmatismus, Köln u.a. 1998.

Fleischhacker, Hedwig, Mit Feder und Zepter. Katharina II. als Autorin, Stuttgart 1978.

Geyer, Dietrich, Der Aufgeklärte Absolutismus in Rußland, in: Jahrbuch für Geschichte Osteuropas, Band 30, 1982.

Gitermann, Valentin, Geschichte Russlands, Band 2, Frankfurt am Main 1965.

Haigold, Johann Joseph, Neuverändertes Rußland oder Leben Catharinä der Zweyten, Teil 1, Riga 1772.

Hans, N., Farquharson, H., Pioneer of Russian Education, in: Aberdeen University Review, 1959.

Hans, N., The Moscow School of Navigation, 1701, in: Slavonic and East European Review 29, 1950/51.

Hoffmann, Peter, Reformen im russischen Bildungswesen unter Peter I. Militärische Aspekte, in: Berliner Jahrbuch für Osteuropäische Geschichte 2, 1995.

Kusber, Jan, Eliten- und Volksbildung im Zarenreich während des 18. und in der ersten Hälfte des 19. Jahrhunderts. Studien zu Diskurs, Gesetzgebung und Umsetzung, in: Quellen und Studien zur Geschichte des östlichen Europa, Band 65, Kiel 2001.

Lehmann-Carli (Hrsg.), Gabriela, Russische Aufklärung und Aufklärungsrezeption, in: Zeitschrift für Slawistik 39, 1994.

Mundt, Theodor, Der Kampf um das Schwarze Meer, Braunschweig 1855.